NOTICE BIOGRAPHIQUE

SUR MADAME LA COMTESSE

DE SAISSEVAL

PARIS, — IMP. VICTOR GOUPY, RUE GARANCIÈRE, 5.

NOTICE BIOGRAPHIQUE

SUR MADAME LA COMTESSE

DE SAISSEVAL

PAR

Le R P. DE PONLEVOY

Caritatis ingenium bonum....
II. Con. 8. 8.

SECONDE ÉDITION

PARIS

LIBRAIRIE POUSSIELGUE FRÈRES

RUE CASSETTE, 27.

1870

NOTICE BIOGRAPHIQUE

SUR MADAME LA COMTESSE

DE SAISSEVAL

——————

Charlotte-Hélène de Lastic, comtesse de Saisseval, naquit à Paris, le 18 octobre 1764. Sa famille, originaire d'Auvergne, occupait un rang distingué dans l'armée et à la cour ; le comte de Lastic, son père, était maréchal de camp, et sa mère, dame d'honneur de madame Adélaïde, fille de Louis XV.

Le jour même de cette naissance si désirée, aussitôt après la cérémonie du baptême, l'aïeule maternelle, qui venait d'être la marraine de sa petite-fille, rapporta et remit l'enfant régénérée à sa mère deux fois heureuse. A l'instant, celle-ci, par un premier mouvement de la nature plus prompt que le sentiment de la foi, lui demanda en tremblant : *Mais, ne l'avez-vous pas offerte à Dieu? Oui*, répond la grand'mère mieux inspirée, *par les mains de la sainte Vierge.* Madame de Saisseval aimait à se rappeler cette particularité, qui pourrait paraître prophétique : en effet, le Ciel, en respectant les appréhensions de la mère, sut bien réaliser les intentions de la marraine; nous la verrons, cette enfant heureusement née, à la fois vivre dans sa famille et vivre pour son Dieu.

La jeune Charlotte trouva son école où elle avait eu son berceau, et c'est sa mère elle-même qui se fit son institutrice. Madame de Lastic, en femme chrétienne, puisant, dans un cœur qui croit et qui aime, l'intelligence et le courage du devoir, résolut de se réserver cette seconde maternité de l'éducation : elle se dévoua donc à ce labeur chéri, seule avec sa sœur, madame de Castellane, qui partageait sa tendresse et sa piété. Cette fidélité maternelle sera payée par le dévouement filial jusqu'à la fin.

Du reste, cette fois les mêmes mains purent presque aussitôt semer et recueillir. L'enfant avait une nature généreuse et docile : à tous les agréments extérieurs qui composent la grâce et la beauté, elle unissait dès lors les dons les plus précieux de l'âme qui concourent à l'amabilité et à la vertu. Sa mémoire était rapide et fidèle, son esprit droit, son cœur sensible; aussi, après ces riches avances, fut-ce une tâche facile à l'éducation d'achever, par le complément de la piété, l'œuvre de la nature.

Dans des conditions si propices au développement de tous les dons heureux, de bonne heure on put démêler, dans les linéaments encore indécis de l'enfance, les traits arrêtés et saillants de la maturité : cette délicatesse de sentiment qui veut faire le bien et qui sait si bien le faire ; cette noble loyauté de caractère où il entre de la franchise, de la fidélité et du dévouement ; cette générosité de cœur qui est comme la matière première de la charité chrétienne, et cette exquise urbanité qui en est comme la forme la plus attrayante.

Ainsi s'écoula cette sereine matinée d'une vie qui devait être orageuse à son midi, mais paisible en son déclin ! Après son passage, elle laissait, comme son reflet, un souvenir sans reproche. Jusque dans la vieillesse, madame de Saisseval aimait à reposer sa pensée sur les joies si franches et si pures de son enfance.

L'innocence est heureuse à peu de frais ! Après avoir travaillé dans la maison paternelle, elle se récréait dans une maison religieuse : d'ordinaire, elle sortait des leçons de sa mère pour aller prendre ses ébats dans un couvent dont une de ses tantes était abbesse. Quelquefois encore on la conduisait à Saint-Denis, auprès de madame Louise de France, la plus heureuse princesse de son temps. Cette royale fille de Sainte Thérèse, qui se félicita tou-

jours davantage d'avoir une fois changé les pom-
peux ennuis de Versailles avec les humbles dé-
lices du cloître, acceuillait avec le plus tendre intérêt cette enfant si heureuse de physionomie et
de caractère, et, par un pressentiment qui ne la
trompa point, elle voyait dans ce jeune cœur une
existence dévouée tout entière à Dieu.

Cependant, mademoiselle de Lastic n'eut jamais
sur son avenir d'autre pensée que le désir de ses
parents, et, en l'absence d'un attrait spécial, elle
dut rester dans la vocation commune. La comtesse sa mère avait hâte de la produire à la cour
de Meudon, ce petit Versailles où résidaient Mesdames, filles de Louis XV et tantes du nouveau roi
Louis XVI. Un titre personnel mit bientôt le comble
aux vœux de la famille, en attachant à cette rési-
dence royale la fille à côté de la mère. Mariée,
quand elle n'avait encore que dix-sept ans, à M. le
comte de Saisseval, d'une noble et ancienne maison de Picardie, héritier d'une grande fortune
et colonel de cavalerie, elle fut en même temps
nommée dame d'honneur de madame Victoire; tandis que sa belle-sœur était appelée en la même
qualité auprès de madame Élisabeth, l'inséparable
sœur de Louis XVI.

Au milieu de tous ces prestiges de la fortune éta-
lés par le monde sur son plus brillant théâtre, que
l'illusion d'abord, et bientôt la séduction, sont fa-
ciles pour une jeune femme, riche et belle, assiégée

d'hommages et environnée de l'atmosphère décevante de la cour ! La haute vertu des princesses, qui
imprimait la régularité à leur maison, n'eût pas
suffi à conjurer ce péril de fascination placé hors de
leur atteinte. Mais madame de Saisseval abrita son
âme en gardant son cœur, et son cœur, elle le garda
par les vives et saintes affections de la famille et
par les salutaires impressions de la foi. Elle aimait
avec toute la naïveté et toute l'ardeur de sa jeune
âme tout ce qu'elle devait aimer : fille la plus soumise, elle devint l'épouse la plus tendre et la mère
la plus dévouée. D'ailleurs, même avant l'époque
prochaine d'où elle datait sa conversion, suivant sa
propre expression, bien souvent la grâce lui faisait sentir le vide du monde et le besoin de Dieu :
et alors, à l'insu de la cour et de sa famille, elle
s'en allait chercher du silence et de la solitude pour
prier et pour communier. Aussi, depuis son apparition à la cour jusqu'à sa sortie, le monde, juste
cette fois dans son appréciation et dans son langage,
pour exprimer qu'elle était modeste autant qu'elle
était belle, l'avait-il surnommée la *céleste* Saisseval.

La reine Marie-Antoinette, si éblouissante alors,
plus majestueuse depuis, avait remarqué la jeune
comtesse de Saisseval; elle désira même l'admettre
dans ce cercle choisi de gracieuses et spirituelles
amitiés, où elle trouvait un repos aux solennelles
fatigues de l'étiquette. Dans le même temps, une

autre faveur moins brillante, mais plus honorable encore, et qui vaut seule tout un éloge, vint solliciter la favorite involontaire : madame Élisabeth l'avait aussi distinguée ; une sympathie réciproque rapprocha deux âmes qui se ressemblaient, et la comtesse de Saisseval tourna ses préférences du côté où la vertu et la piété lui apparaissaient dans leur type le plus parfait. L'angélique princesse, qui la voulait dans toutes ses associations de prières et de bonnes œuvres, lui déclara d'avance le projet qu'elle avait de la demander au roi pour l'attacher à sa personne après la mort de madame Victoire. C'est à cette glorieuse intimité que la comtesse de Saisseval, alors âgée de vingt-cinq ans, attribuait sa conversion. Ainsi, plus d'une fois, une amitié chrétienne a-t-elle conquis une âme à Dieu.

C'était le 25 mars 1789 ; elle terminait par la communion une neuvaine au Sacré-Cœur commencée sur l'invitation de madame Élisabeth, quand une de ces grâces soudaines, que la langue de l'homme ne peut exprimer, que son esprit ne saurait comprendre, descendit dans son âme remplie d'une félicité inconnue. A l'instant, elle sentit comme un cœur nouveau battre dans sa poitrine, et elle voulut le manifester par une vie nouvelle. Jusque-là elle avait été un peu du monde, désormais elle sera toute à Dieu seul. Telle fut du moins sa résolution, à cette claire vue de la volonté divine.

« Hélas ! toutefois, comme elle disait elle-même,
« de ce premier désir à l'exécution il se passa en-
« core bien du temps, et ce ne fut que le 1ᵉʳ mai
« suivant que je me décidai à suivre un genre
« de vie plus parfait, et à renoncer à toutes les
« habitudes et à tous les genres de plaisirs et de
« distractions en usage parmi les personnes de
« mon âge et de ma condition. Je m'offris à Dieu
« avec un abandon total, lui promettant, d'un
« cœur plein et entier, tous les petits sacrifices
« que je saurais lui être agréables, et qu'alors je
« chercherais à faire concourir avec tous mes de-
« voirs de fille, de femme, de mère et de dame
« de la cour. Que ne peut-on pas quand on em-
« brasse cette voie franchement et loyalement ?
« J'en puis bien servir d'exemple : car je ne crois
« pas qu'on puisse être plus timide, moins entre-
« prenante et plus dépendante que je ne l'ai été
« la plus grande partie de ma vie, et alors plus
« que jamais ; mais, avec une volonté ferme et la
« grâce de Dieu, on vient à bout de tout. »

Le 1ᵉʳ mai réalisa donc enfin ce que le 25 mars
avait résolu. Pendant soixante années, madame
de Saisseval ne manqua jamais de célébrer ces
deux anniversaires par une reconnaissance toujours nouvelle.

Cette fois, le bon désir se traduisit aussitôt par
de bons effets. Madame de Saisseval commença
par s'affranchir, sans manquer pourtant ni à ses

devoirs d'état ni aux bienséances de son rang,
des usages du monde, devenus des obstacles ou
des entraves pour son âme qui aspirait à la per-
fection. Une première réforme, qui en amène et en
facilite bien d'autres, porta sur l'heure de son lever.

« Comme toutes les femmes de mon temps, ra-
« contait-elle avec cette spirituelle simplicité qui ca-
« ractérisait sa conversation et sa correspondance,
« je ne me levais pas avant onze heures (ainsi le
« voulait une mode qui n'était pas seulement ri-
« dicule); et de ce jour j'obtins de mon mari de
« me faire réveiller à cinq heures du matin. La
« laveuse de vaisselle, qui était la seule levée dans
« la maison, venait donner un petit coup à ma
« porte ; et le bon Dieu ayant chargé mon bon
« ange de me le faire entendre probablement, je
« me levais aussitôt, sans savoir bien ce que je
« faisais, car j'étais si dormeuse que je restais quel-
« que temps sans pouvoir recueillir mes idées. »
La constance répondit à l'énergie de cette résolution : madame de Saisseval ne se départit jamais de cette diligence matinale ; et dans un rè·
glement écrit de sa main sous la date de 1838,
par conséquent à l'âge de soixante-quinze ans,
je retrouve pour première clause, l'invariable lever
à cinq heures du matin. Dans ces longues heures
conquises chaque jour sur une mollesse trop ordinaire, madame de Saisseval trouvait le loisir de
satisfaire son attrait naissant pour la prière et pour

les bonnes œuvres. Il était d'étiquette alors pour les dames de la cour de ne sortir qu'en équipage, ou du moins de se faire accompagner par un valet de pied en livrée ; mais elle demanda si bien, qu'elle obtint de sa mère et de son mari d'aller tous les matins avec les sœurs de charité à l'église et dans les hôpitaux, pour adorer son Dieu et consoler ses frères. Après ces deux visites qui n'en sont qu'une, et qui commencent si bien une journée chrétienne, elle rentrait à la maison avec diligence pour vaquer aux devoirs quotidiens ; et toute la famille la voyait revenir à son poste obligé avant qu'on eût encore réclamé sa présence.

La religion initia son cœur né sensible, et par elle devenu charitable, au zèle en même temps qu'à la miséricorde. Quand on aime, comment ne pas aimer Jésus-Christ ? Mais quand on aime Jésus-Christ, peut-on ne pas aimer ses membres, et ne pas vouloir aussi le faire aimer ?

Madame de Saisseval apprit par l'exercice ces deux leçons de la charité, reine et maîtresse des vertus : l'aspiration du zèle et la compassion de la miséricorde.

Son coup d'essai apostolique fut bien heureux. La comtesse de Carcado et la comtesse de Saisseval se rencontrent à la cour, et, malgré la disparité de leurs goûts et de leurs habitudes, un mutuel attrait les incline l'une vers l'autre. Madame de Carcado était alors, par son esprit et son amabilité, un des charmes de la société intime de la reine; elle voulut entraîner sa nouvelle amie, elle fut entraînée par elle. Madame de Saisseval, avec des paroles persuasives, la décide un jour à venir entendre un sermon du célèbre P. Beauregard, qui prêchait à Paris en apôtre et quelquefois en prophète; et comme il fallait réserver des places longtemps d'avance, elle se charge, pour écarter tout prétexte de refus, d'en retenir pour elle-même et pour son impatiente prosélyte. Le sermon emporta sur place la conversion. « Ce fut après cette « prédication du P. Beauregard, entendue moins « par dévotion que par complaisance, écrit ma- « dame de Saisseval elle-même, que la comtesse « de Carcado résolut de montrer au cercle brillant « de Trianon l'effet de la grâce sur un cœur no- « ble et généreux, en faisant tout haut cette pro- « fession de vie nouvelle : *A présent, c'est fini;* « *après ce que je viens d'entendre, je vous dé-* « *clare que je n'irai plus au spectacle.* Cette dé- « claration imprévue fut accueillie avec une telle « acclamation de surprise, de persiflage et d'hi- « larité, que, sentant ses genoux fléchir, elle fut « obligée, en répétant d'un ton ferme la phrase « mal sonnante, de s'appuyer contre un meuble, « afin qu'on ne pût pas deviner sa faiblesse. » Cette héroïque fidélité à la première impulsion d'en haut valut à madame de Carcado, de la part du Dieu qui paye toujours au centuple, une pleine effusion de ses grâces. Encore quelques années, et les deux amies, qui vont être séparées, se retrouveront, et bien mieux qu'à la cour ; et madame de Carcado rendra en partie à madame de Saisseval ce qu'elle en avait reçu.

L'heure des grandes épreuves allait sonner. Aux signes menaçants qui éclataient de toutes parts, il était facile de présager une tempête dont personne encore ne prévoyait toute l'horreur. Le monde était dans l'attente : le chrétien, fidèle au conseil de Jésus-Christ, se mit en prière, afin de ne pas succomber dans la tentation. Parmi les papiers de madame de Saisseval, se trouve une note de sa main relative à cet instant critique. Le texte mérite d'être inséré dans cette notice ; car le vœu en question, nous en sommes témoins, a été d'abord exaucé du ciel contre toute espérance, et enfin accompli sur la terre ; sa réalisation, ajournée à des temps meilleurs, donna naissance à deux bonnes œuvres.

« Au mois de juillet 1790, écrit-elle, me trou-
« vant à Valogne, où le régiment de mon mari était
« en garnison, madame de Carcado m'envoya la
« formule d'un vœu au cœur immaculé de Marie,
« pour obtenir la conservation de la religion en
« France. Ce vœu était fait par madame Élisabeth,
« madame de Carcado, madame la comtesse Albert
« de Luynes, madame de Bourdeilles, et beaucoup
« d'autres dames que je connaissais. La première

« promesse du vœu était de consacrer, au bout
« d'un an, une somme aussi considérable que la
« position respective de chaque associée pouvait
« le permettre, pour être employée à la bonne
« œuvre qui semblerait devoir être la plus agréable
« à Dieu. Cette œuvre ne devait être désignée qu'à
« la fin de l'année 1791. La seconde promesse était
« d'élever gratuitement au moins un garçon et une
« fille pauvres. De plus, dans une petite prière,
« qui devait être récitée par les personnes asso-
« ciées, on promettait l'érection d'un autel dédié
« au cœur immaculé de Marie, et un salut men-
« suel, en reconnaissance de la grâce obtenue.
« Enfin, à la même intention, un cœur de Jésus
« joint au cœur de Marie, fait en or le plus pur,
« était offert et envoyé à Chartres, où on le voit
« encore aujourd'hui à la statue de Notre-Dame, si
« vénérée dans la cathédrale. »

Chose singulière ! la Providence partagea entre madame de Carcado et madame de Saisseval la réalisation du vœu inspiré par Élisabeth de
France ! Celle-là put acquitter la première promesse ;
à celle-ci surtout échut la seconde. Les sommes par-
tielles réunies à l'époque indiquée montèrent à
60,000 francs. Madame de Saisseval, alors émi-
grée, ne manqua pas de faire parvenir à son amie
demeurée en France la contribution promise : c'é-
tait le denier de l'exil. La bonne œuvre fut bientôt
trouvée : cette somme, distribuée à des prêtres

fidèles en péril de mort, permit à un grand nombre de se réfugier sur une terre étrangère moins ingrate alors que la patrie.

Après le concordat, madame de Saisseval, se regardant comme légataire de la seconde promesse, la remplit et la dépassa par les deux œuvres des Petits séminaires et des Enfants délaissés !

Jusque-là tout semblait à souhait dans cette existence où ne manquaient ni la fortune ni la vertu, heureux concours des faveurs du monde et des bénédictions des cieux. Et cependant (telle est la déception des apparences, tant sont incomplètes et fragiles les prospérités de cette terre, triste région d'où s'est enfui le bonheur) bien des nuages avaient passé dans ce ciel encore si pur ! Si jeune, elle avait goûté déjà l'amertume de la vie ; son cœur avait saigné, blessé dans ses affections les plus intimes, et ses yeux s'étaient mouillés de larmes. Elle pleura sur son malheureux frère, ravi par la mort à sa tendresse ; elle dut pleurer aussi sur son père, séparé de tous les siens par cette révolution qui préludait, par les malheurs de famille, au bouleversement de la société. Ce n'était là que le commencement de ses douleurs ; madame de Saisseval devait entrer plus avant et demeurer longtemps dans cette grande école de l'adversité, où la Providence a coutume d'introduire les âmes supérieures, pour les former aux mâles vertus et les préparer à de hautes destinées.

L'émigration était à l'ordre du jour. Déjà, sur

les instances de l'infortuné et généreux monarque,
qui ne voulait pas du moins perdre ses amis, s'il
ne pouvait se sauver lui-même, les princes et les
princesses, la cour et presque toute la noblesse
avaient fui loin de cette terre désolée, et le grand
palais s'étonnait de ses jardins déserts et de ses ap-
partements silencieux. Au mois de décembre 1790,
M. le comte de Saisseval suivit le mouvement
général : il donna sa démission avec tout son corps
d'officiers, et passa en Belgique, accompagné de
madame de Lastic sa belle-mère, de sa femme et
de ses trois enfants, dont l'aîné n'avait que six ans.

Le malheur n'est pas fait pour éloigner une âme
de Celui qui s'appelle si bien le Dieu de toute consolation dans toute infortune ! Sans doute tout
était bien changé pour madame de Saisseval,
excepté elle-même ; et à Bruxelles elle resta ce
qu'elle était à Paris. Une petite anecdote, racontée
par elle, nous exprime au naturel sa ferveur tout à
la fois, et la régularité de ses habitudes de piété.

« Peu après notre arrivée à Bruxelles, en janvier
« 1791, j'étais sortie de grand matin, comme tou-
« jours, pour aller à l'église. Après avoir attendu
« longtemps pour me confesser, longtemps aussi
« pour communier, je ne sais comment cela se fit,
« mais, n'ayant plus de montre, je m'oubliai ; et
« pensant bien qu'il était un peu plus tard qu'à
« l'ordinaire, je sortis de l'église, bien empressée
« de me retrouver chez moi. Comme il me fallait

« passer sur une place où se promenaient habituel-
« lement les émigrés français, je longeais rapide-
« ment la muraille pour me soustraire à tous les
« regards, lorsque, au détour, quelqu'un se pré-
« sente devant moi; c'était M. de Saisseval, qui,
« en tirant sa montre et la mettant sous mes yeux,
« me dit : « Regardez, Madame, l'heure qu'il est ; »
« et l'aiguille indiquait midi. Ce fut le seul repro-
« che que mon mari m'adressa ; mais ce reproche,
« si bien mérité, étant le premier qu'il m'eût adressé
« pendant neuf années d'union, j'en fus tellement
« accablée que je ne pouvais plus me soutenir....
« Le souvenir m'en fait encore mal. »

Hélas! sa sensibilité d'épouse allait subir bien
d'autres épreuves!

M. de Saisseval s'était rendu à l'armée des
princes ; il dut la quitter avant les autres, et il
rejoignit sa femme dans un état de santé difficile à
décrire.

La malheureuse épouse se trouvait sans ressources, partagée entre son mari qui ne voulait recevoir de soins que d'elle seule, sa vieille mère et ses
sept petits enfants.... dont quatre étaient nés et
moururent dans l'exil.

Bientôt, obligée de fuir de ville en ville devant
les armées victorieuses de la république, elle est
réduite enfin à s'embarquer, le 12 janvier 1795,
dans un port de la Hollande, avec toute sa famille,
composée de douze personnes, dont un enfant de

treize jours seulement. Arrivée sur la côte d'Angleterre, cette famille désolée erra sur la plage, depuis trois heures après-midi jusqu'à minuit, par le froid le plus rigoureux, allant de porte en porte, sans pouvoir trouver un asile. « Ces neuf heures « de rebuts et de souffrances me parurent bien « longues, écrivait madame de Saisseval, car la « neige tombait; et quand je voyais ma mère, mon « mari et mes pauvres petits enfants mourant de « froid et de faim, je versais des torrents de lar- « mes, et de larmes bien amères. Mais ensuite, « me rappelant la conformité de cette position avec « celle de la sainte Vierge à Bethléem, j'essuyais « mes larmes, je me remettais à espérer, à me ré- « signer du moins. » Ah! que la religion apparaît grande et belle aux jours de l'adversité! Alors que tout manque, seule elle reste. Non, elle ne préserve pas toujours du malheur, elle fait bien mieux; car, en le subissant, elle le domine par la patience, et c'est son triomphe en attendant sa couronne.

Le courage de madame de Saisseval, loin de faillir, redoublait avec la nécessité. Son cœur, au besoin, savait être héroïque : elle était l'unique soutien et comme la seconde Providence de sa nombreuse famille. Établie à Londres depuis 1795 jusqu'en 1799, en même temps qu'elle soignait son mari, qu'elle élevait ses enfants, qu'elle assistait sa mère, elle devait travailler pour les faire vivre tous. Eh bien ! elle se mit au travail comme si elle n'eût jamais fait autre chose de sa vie. Son activité et son adresse, exploitées par son dévouement, lui créèrent des ressources plus ou moins productives : elle faisait des portraits en miniature, brodait des robes, tressait des chapeaux de paille, inventait mille objets de nouveautés. Elle excellait surtout dans la lecture, et cette industrie plus libérale eût été aussi plus lucrative ; mais sa modestie s'alarma de certaines louanges qui semblaient s'adresser à sa personne plutôt qu'à son art ; et à l'heure même elle renonça à l'exercice de ce talent. Et comme on la sollicitait, en alléguant les besoins de sa famille : « Oh ! non, répondit-elle ; « le plus bel héritage qu'une mère puisse laisser à « ses filles, est de leur apprendre que la vie d'une « femme doit être une vie cachée, cachée en Dieu « et dans l'accomplissement des devoirs de son « état. » Elle se borna depuis à donner de simples leçons de lecture, en supprimant toute séance solennelle.

Ces soins matériels pour la subsistance de sa famille, qui remplissaient son temps, n'absorbaient cependant par son cœur : la meilleure partie de sa sollicitude était pour l'éducation de ses enfants, la consolation de sa mère et le salut de son mari. Elle répétait à toute heure cette prière qu'elle avait composée en 1790 : « Mon Dieu, conservez la reli-« gion dans ma patrie, et faites que mes enfants

« vous servent à perpétuité. » Dieu exauce toujours de telles prières !

Il vient en aide bien à propos à cette mère surchargée ; et Celui qui ne nous éprouve point au delà de nos forces, prit sur lui-même le soin de développer dans ses enfants les pieux sentiments qui leur avaient été inspirés. Le vénérable abbé Carron, ce Vincent de Paul de l'émigration, venait d'ouvrir deux maisons pour élever les enfants de ses malheureux compatriotes. Madame de Saisseval, alors dirigée par ce saint prêtre, confia ses filles à l'un de ces asiles providentiels. Un jour, sa mémoire reconnaissante la pressera de procurer aux pauvres orphelines de sa patrie ce bienfait de la charité qu'elle trouva dans l'exil pour ses propres enfants !

Sa tendresse filiale ne le cédait pas à son amour maternel. Oublieuse d'elle-même, elle savait tout oser pour sa mère. Dans un moment d'extrême détresse, la comtesse de Lastic, exténuée par les privations et par le chagrin, tombe malade. Sa fille, dénuée de ressources, ne pouvait prétendre, comme les plus pauvres, qu'au traitement d'un pharmacien vulgaire. Elle va droit au premier médecin de Londres, l'aborde éplorée et avec l'accent de la douleur : « Monsieur, lui dit-elle, je n'ai rien : « je suis épouse et mère ; mais avant je fus fille, et « la reconnaissance étant mon premier devoir, j'ai « offert à Dieu le sacrifice de ce que j'ai de plus

« cher pour la conservation de celle qui me donna
« la vie. Monsieur, je vous en conjure, venez don-
« ner vos soins à ma mère ! c'est Dieu qui vous le
« rendra. » La malade fut visitée, soignée et guérie.

Mais son mari, languissant toujours par suite de
la maladie qu'il avait rapportée de l'armée des princes, succomba enfin à sa longue épreuve. Madame
de Saisseval lui prodigua jusqu'à la fin tous les secours de l'art et toutes les consolations de la foi. Elle
obtint des hommes qu'il fût traité dans cette dernière crise par le médecin même du roi, et du ciel,
qu'il fût muni, pour le passage suprême, des sacrements de l'Église. Hélas ! à cette mort d'un
époux et d'un père, la triste famille n'avait pas le
moyen seulement de se mettre en deuil ; et madame
de Saisseval en pleurait amèrement, quand sa fille
aînée vient à elle avec empressement : « Maman,
« lui dit-elle, consolez-vous : la sainte Vierge m'a
« exaucée en me suggérant un moyen de nous met-
« tre en noir : c'est de porter au mont-de-piété toutes
« les jolies robes que lady Jirningham nous a don-
« nées, pour avoir des habits de deuil à la place. »
En effet, la garde-robe fut déposée au mont-de-
piété, et la famille porta le deuil.

Lady Jirningham, d'une des plus nobles familles
d'Angleterre, dont lord Clifford est le chef, avait
connu en France madame de Saisseval dans le
temps de sa prospérité ; elle l'aima et l'estima plus
encore dans l'infortune : heureuse non-seulement

de lui rendre service, mais aussi de lui procurer des jouissances, ou du moins de la distraction et du repos, souvent elle l'emmenait avec toute sa famille à son château de Cossey, près Norrich.

Pour achever cette période de l'exil, une note des souvenirs de madame de Saisseval nous retrace un tableau d'intérieur qui n'est pas sans charmes ; l'amitié fidèle et la religion sincère, que rien ne remplace, peuvent suppléer à tout. La maison de madame de Saisseval était devenue le rendez-vous d'un grand nombre d'émigrés : on se réunissait dans une salle qui changeait d'aspect et d'usage, suivant les heures de la journée. Tous les matins, c'était une chapelle où plusieurs évêques ou prêtres venaient dire la sainte messe : « Jugez de notre
« bonheur, écrit-elle ; quoique souvent manquant
« du nécesssaire, nous avons toujours pu fournir la
« chandelle pour le saint sacrifice ! Une seule fois,
« il nous fallut bien accepter deux sous de la main
« d'un évêque ; car n'ayant plus rien du tout, sans
« ce petit à-compte, qui laissa croire au boulanger
« que les grosses pièces avaient pu être oubliées
« au logis, je ne sais si nous aurions eu du pain
« pour notre journée. Puis, après les messes, le
« même local devant servir d'atelier d'ouvrage,
« on faisait disparaître les insignes de la chapelle,
« et on se mettait au travail avec courage. Avions-
« nous des commandes considérables ? aussitôt nous
« e faisions dire à nos amies moins favorisées,

« qui alors venaient prendre leur part de la besogne
« et du bénéfice.

« Le salaire était en proportion du temps ; sur le
« pied de deux sous par heure (quand on ne par-
« lait pas trop). Les allants et venants portaient les
« ouvrages et faisaient les commissions. Les ecclé-
« siastiques se chargeaient d'ordinaire de faire les
« provisions. Puis venait le frugal, bien frugal re-
« pas. Madame de Lastic se chargeait de cet office,
« son âge ne lui permettant plus d'être bonne ou-
« vrière. Enfin on s'amusait un peu, pour se reposer
« des travaux, des privations et surtout des sollici-
« tudes de la journée. Et quand tout le monde était
« parti et notre journée finie, nous faisions dispa-
« raître de nouveau les traces de l'atelier, et nous
« redressions l'autel près duquel nous devions pui-
« ser le courage du lendemain. Pour moi, dans ma
« faiblesse, je devais réunir toutes mes forces pour
« ne demander à Dieu que le courage pour pouvoir
« passer la journée présente. Quelquefois je me
« surprenais à espérer que le bon Dieu m'appelle-
« rait promptement à lui ; mais, me souvenant aus-
« sitôt de ceux qui avaient encore besoin de moi,
« je chassais ce désir comme une mauvaise pensée,
« et je recommençais à demander au bon Dieu la
« grâce du moment, pas davantage. »

Enfin la grâce avait achevé son laborieux pré-
paratif : après ce noviciat de la souffrance, la Providence, prenant madame de Saisseval par la main,

va l'introduire enfin dans sa vocation dernière, vers laquelle les événements coordonnés la dirigeaient à son insu.

Au mois de janvier 1801, profitant de l'amnistie accordée aux émigrés, madame de Saisseval, accompagnée d'une de ses filles, revient en France, dans l'intention d'y chercher quelques ressources, et de rejoindre aussitôt en Angleterre les débris de sa famille.

Dès le lendemain de son arrivée à Paris, elle revoit avec une joie réciproque son ancienne amie madame de Carcado. Le ciel réservait à cette femme admirable la consolation d'acquitter sa reconnaissance, et c'est elle qui, après avoir suivi madame de Saisseval, devra d'abord la guider à son tour. Désenchantée de ce monde, dont elle avait vu s'évanouir les joies et s'écrouler les grandeurs, elle aussi, à la faveur de la Révolution exécutrice redoutable des justices et des miséricordes divines, avait marché d'un pas ferme et rapide par la voie douloureuse : elle touchait presque au sommet sublime de la vertu ; elle arrivait, par l'abnégation d'elle-même, au dévouement le plus élevé. Placée d'ailleurs dans des circonstances différentes, et libre des embarras domestiques, elle avait pu de meilleure heure s'élancer dans la carrière indéfinie des bonnes œuvres. Après avoir subi quelque temps la sanglante prison des Carmes, à la fin de la Terreur, elle s'était retirée à son château des

Forts, près de Chartres ; et là, jusqu'en 1798, elle s'était vouée à l'éducation de quelques jeunes parents et à l'hospitalité courageuse envers les prêtres persécutés. Sa maison était l'asile d'où ces confesseurs presque martyrs sortaient à propos pour exercer le saint ministère dans les campagnes environnantes. De ce nombre se trouvait le vénérable P. Picot de Clorivière, ancien jésuite, survivant à tant de désastres, directeur consommé par l'expérience et l'esprit de discernement, promoteur ardent et sage de toute œuvre qu'il jugeait glorieuse à Dieu, profitable à l'Église, salutaire aux âmes.

A peine de retour à Paris, madame de Carcado, maintenant prête à tous les dévouements, sans regret du passé, avec le seul désir d'être utile, s'empressa de se placer sous la main du saint prêtre, afin que la direction, cette conseillère des âmes qui est l'interprète de Dieu, réglât sa spontanéité selon la volonté divine, et la fécondât par la céleste faveur. Trouvant dans son ancienne et nouvelle amie une entière conformité de sentiments, madame de Carcado lui proposa de la conduire au P. de Clorivière, comme autrefois madame de Saisseval l'avait conduite elle-même au P. Beauregard : l'offre est acceptée, et dès le lendemain elle fut présentée au saint vieillard, qui l'accueillit avec une gravité douce et paternelle, la consola de ses malheurs et l'encouragea dans ses bons désirs. Dès ce moment, et jusqu'à la fin de sa vie, Dieu se plut à faire de madame de Saisseval un instrument admirable pour les bonnes œuvres.

Tandis que madame de Saisseval poursuivait avec activité l'expédition des affaires qui l'avaient amenée en France, on fit de divers côtés, et à plusieurs reprises, des ouvertures et même des instances auprès de la jeune veuve (1), fille d'une vieille mère, et mère de petits enfants, pour l'engager à s'aider elle-même et les siens en s'adjoignant un nouvel époux : mais toutes ces propositions furent entendues avec une répugnance visible, et repoussées par un refus positif. Madame de Saisseval était allée en Auvergne : un double bonheur l'attendait à Paris ; elle allait revoir sa famille et se dévouer plus que jamais à son Dieu. La réunion projetée sur la terre d'exil s'opéra bien mieux dans la patrie. Comme tout allait se calmant peu à peu, madame de Lastic, au lieu d'attendre sa fille en Angleterre, vint elle-même avec ses deux petites-filles la rejoindre en France. Hélas ! que de cendres chéries restaient sur le sol étranger !... Après dix années la famille n'était plus que la moitié d'elle-même ; mais la consolation de faire du bien lui restait. Madame de Saisseval, secondée par sa mère, trouva près d'elle une autre coopératrice non moins chérie, mademoiselle Aline, l'aînée de

____

(1) Qui n'avait alors que 35 ans.

ses filles, que rien au monde, hélas ! excepté une mort prématurée, ne pourra séparer de sa mère, et qui, avec elle, voudra donner à Dieu tout son cœur et toute sa vie. Quant aux deux plus jeunes filles de madame de Saisseval, mariées, l'une à M. le comte de Lezardière, officier vendéen, l'autre à M. le marquis de Leusse, elles durent passer dans leur nouvelle famille.

Dès 1801, madame de Saisseval commença, avec sa fille aînée, la visite des malades à domicile et à l'Hôtel-Dieu.

En 1803, mesdames de Saisseval et de Carcado, fidèles à leur ancienne promesse, compatissant d'ailleurs au péril et au malheur d'un âge innocent, conçoivent l'idée première, et déjà disposent le plan à venir de l'œuvre si touchante des Enfants délaissés. Il ne fallait plus que prier et agir.

« Nous allâmes aux Carmes, dit madame de « Saisseval, madame de Carcado et moi, pour nous « dévouer. Nous disions, au bon Dieu : *Mon Dieu,* « *l'oserons-nous ?* et il nous sembla qu'une voix « intérieure nous répondait : *Oui, osez-le ; faites* « *cette œuvre.* Plusieurs dames du monde ayant « aussitôt voulu se joindre à nous, comme il n'y « a point d'efficacité sans union, et point d'union « sans unité, la conduite de l'œuvre fut dévolue « à madame de Carcado. Pour mon compte, le bon « Dieu m'a toujours donné beaucoup d'attrait pour

« les bonnes œuvres ; mais il n'y a que l'obéis-
« sance et la direction qui puissent empêcher
« d'y apporter le goût naturel, et si on ne s'en
« défie pas, on ne fait rien de solide ni d'impor-
« tant. »

Dieu avait donné à madame de Carcado assez
d'énergie et de confiance pour surmonter tous les
obstacles de ces commencements ; elle bénissait
Dieu dans les contradictions, elle voulait qu'on
l'aidât à le bénir, parce que, disait-elle, elle aimait à voir la foi éprouvée. Ce sont les règlements
qu'elle avait faits elle-même pour l'admission des
enfants délaissés, qui sont encore suivis aujour-
d'hui ; madame de Saisseval mettait son honneur
à lui en laisser la gloire, comme à n'appeler les
enfants que de son nom.

Madame de Carcado, après cinq ans de fatigues
pour jeter les fondements de son œuvre, dont elle
ne devait pas voir tout le succès, toujours pleine
de courage, se trouva épuisée de forces. Un effort
de plus détermina sa dernière maladie ; il était
bien juste que sa vie finît par un acte de charité.
Peut-être la mention rapide de son admirable mort
est-elle comme inséparable de cette notice ; ces
deux âmes étaient étroitement unies, et leurs vies
s'étaient comme mêlées deux fois par une pieuse
réciprocité : le souvenir de madame de Carcado
est donc vraiment un hommage à madame de Saisseval.

Quand cette femme, charitable jusqu'à la fin, se sentit frappée à mort, afin que sa maladie même pût soulager sa misère, elle voulut être assistée et soignée une fois par les pauvres qu'elle avait si souvent visités et traités elle-même. Une mère de famille indigente, sans habitude, sans idée même de la tâche d'une garde-malade, c'est ce qu'il lui faut ; au pied du lit, deux petits enfants que cette femme ne peut quitter sont placés sur un pauvre matelas, et la malade se contente des soins de la mère et se complaît dans la vue des enfants. Dans cette chambre dès longtemps dépouillée, et où tout manquerait, si l'attentive amitié ne subvenait à la détresse de la charité prodigue et oublieuse, sur cette couche et avec ce cortége, nul ne pouvait reconnaître la brillante favorite d'une reine magnifique dans la cour la plus splendide du monde. Madame de Saisseval se multipliait cependant auprès de sa meilleure amie, qui allait mourir ; elle recueillait toutes ses pensées ; et comme elle lui exprimait avec larmes ses regrets et ses craintes : « Dieu n'a besoin de personne, » répondait l'humble et confiante malade. Tant qu'elle put parler, elle parla de *ses enfants délaissés ;* et quand la parole lui manqua, il lui resta pour ses orphelines des larmes, preuve que son cœur, en cessant de battre, n'allait point cesser d'aimer. L'éloge de madame la comtesse de Carcado, née de Malezieu, fut prononcé par l'abbé Le Gris-Duval en 1809, à la distribution des prix pour l'institution des Enfants délaissés. Une telle vie était bien digne d'une telle voix !

L'humilité toutefois avait bien dit la vérité : Non, Dieu n'a besoin de personne ! Après la mort de madame de Carcado, les orphelines ne restèrent point abandonnées, et madame de Saisseval, en héritant de sa maternité adoptive, n'eut pas même besoin de recevoir d'ailleurs un nouvel esprit ; son propre cœur était assez riche. Cette œuvre, deuxième-née entre toutes les œuvres de charité, après le rétablissement du culte, lui était si chère ! « Je ne puis dissimuler, disait-elle, et on « peut l'en croire, que c'est celle qui tient de plus « près à mon cœur. » Madame de Saisseval avait aussi retrouvé son ancien attrait pour les pauvres malades, qui allait si bien avec son attrait nouveau pour les pauvres enfants ; les uns et les autres ressemblent à Jésus dans la crèche ou sur la croix. Elle pouvait désormais le suivre avec plus de liberté qu'autrefois ; et dès 1801, non plus seule, mais toujours avec sa fidèle Aline, cette fille si semblable à sa mère, elle avait repris ses visites dans les hôpitaux, interrompues par la révolution. Et nous devons, à cette occasion, consigner ici une anecdote touchante qui fait connaître l'origine même de l'œuvre des enfants délaissés.

Se trouvant une fois auprès d'une mère mourante qui se désolait moins sur elle-même que sur son enfant, les visiteuses compatissantes promirent à la mère consolée d'adopter son orpheline. Cette circonstance, qui devint l'origine de l'œuvre des enfants, explique encore la condition exigée pour leur admission, qu'elles soient orphelines de mère. Le bon exemple provoquant bientôt l'émulation, nous verrons les deux œuvres inaugurées par madame de Saisseval, avec beaucoup d'autres successivement ajoutées, s'organiser et prospérer sous ses auspices.

Rien, du reste, ne peut rendre sa maternité pour ses orphelines; elle ne peut se comparer qu'à l'amour d'une mère selon la nature : elle se faisait petite avec les petites, et prenait en même temps un intérêt soutenu pour celles qui, sorties depuis longtemps de l'établissement, venaient chercher près d'elle des consolations, des secours, et bien souvent un pardon qui ne se faisait jamais attendre. Dans tous ses séjours à Paris, son cœur la portait à visiter ses chères enfants; et lorsque quelques-unes étaient malades à l'infirmerie, c'était plusieurs fois le jour. Cette femme si vénérable, si digne, si noble de tout point, venait s'asseoir près d'un lit d'enfant, se faisait enfant avec elle, lui montrait à jouer, à la lettre, en même temps qu'elle lui montrait à aimer Dieu, à le bénir; jamais cette nombreuse multitude ne la gênait, elle aurait souvent voulu les avoir toutes dans sa chambre, comme elle les portait dans son cœur.

La vie de madame de Saisseval devait aussi se composer de sacrifices. Afin qu'aucune épreuve ne manquât à cette âme si tendre et si forte, peut-être afin qu'aucun partage n'altérât plus l'intégrité de son dévouement, madame de Saisseval vit peu à peu sa famille naturelle s'évanouir et faire place à sa famille adoptive. Déjà elle avait fermé les yeux à sa mère, bientôt ses trois filles succombent l'une après l'autre, et, au milieu de ces funérailles tant de fois répétées, cette mère de sept enfants reste toute seule, pleurant sur sa postérité éteinte. Madame la marquise de Leusse, la seconde de ses filles, morte sans enfants ainsi que sa sœur, avait adopté deux jeunes enfants que son mari lui apporta d'une première alliance ; madame de Saisseval rattachait ses affections partout frustrées de leur objet à ces deux orphelines, qui l'appelaient aussi leur grand'mère : la mort frappa deux coups encore, et madame de Saisseval ne vit plus devant elle que son crucifix. Son cœur était navré. On le sait bien, la religion n'éteint pas la nature, elle n'enlève pas la douleur, pas plus qu'elle ne la condamne ; mais elle ordonne la résignation et elle la donne. La sensibilité naturelle de madame de Saisseval s'était accrue dans le malheur, mais son courage aussi ; et, femme vraiment chrétienne, elle apparut alors digne fille de cette mère incomparable qui, le glaive dans le cœur, était debout pourtant aux pieds de la croix ! Au lieu de s'envelopper dans son deuil, elle renferme en son cœur sa douleur profonde, et, prenant le dessus, elle se dévoue sans réserve à une vie qui ne connaîtra plus le repos.

Pour suivre jusqu'au terme cette longue existence si patiente et si active, qu'il suffise de montrer ici comme le tissu de ses œuvres.

L'œuvre des ouvrages, qui devint une ressource pour toutes les autres œuvres, celles qui précèdent et celles qui vont suivre, mérite une mention spéciale, à raison de son importance même et des circonstances de son origine. Mademoiselle Aline de Saisseval, qui savait déjà créer aussi, sous l'inspiration de son cœur et la direction de sa mère, raconte, dans une note que nous transcrivons ici, à quelle occasion elle imagina d'utiliser les loisirs des femmes du monde par le travail, et d'exploiter leurs ouvrages au profit de la charité. « Dans le temps de l'exil du pape et des cardi-
« naux à Fontainebleau, M. Le Gris-Duval ayant
« dit un jour devant moi qu'il lui fallait de suite
« 2,000 fr. pour ses augustes indigents, et qu'il ne
« savait où les trouver, je fus assez heureuse pour
« offrir un nécessaire que mon beau-frère m'avait
« donné à son mariage, après lui en avoir de-
« mandé la permission. Cet objet pouvait va-
« loir vingt louis. Je le déposai en loterie, les bil-
« lets furent mis à 20 fr., et rapportèrent 1,800 fr.
« — Un jour que j'étais à Saint-Sulpice, je di-
« sais au bon Dieu : mais, mon Dieu, quand je

« vous aurai donné mon nécessaire, il ne me res-
« tera plus rien (j'avais demandé que la messe
« qui allait se dire fût à l'intention que cette lote-
« rie rapportât le plus d'argent possible, et ma
« confiance était telle que je mis mon nécessaire
« sur un coin de l'autel, comme pour y attirer les
« bénédictions de Dieu). Ce fut en ce moment que,
« me souvenant d'un ouvrage qu'une dame venait
« de faire au profit des pauvres, j'eus l'idée de gar-
« der une petite somme, après avoir prélevé celle
« qui était nécessaire aux cardinaux, pour com-
« mencer l'œuvre des ouvrages.

« M. Duval trouva bon qu'il me fût rendu
« 400 fr.; il nous avait été donné 400 fr. encore
« d'un autre côté : c'est avec ces deux sommes
« que la bonne œuvre a commencé en 1810. Ma-
« dame la duchesse d'Angoulême et madame la
« duchesse de Berri se sont déclarées les pre-
« mières associées. Les ouvrages sont exposés
« deux fois dans l'année; ceux des princesses se
« vendent à l'enchère, et produisent beaucoup au
« delà de leur valeur. Les profits, jusqu'à présent,
« sont de 25,000 fr. ; ils ont été jusqu'à 40,000 fr.
« Ils sont destinés aux différentes bonnes œuvres;
« je tâche que la meilleure partie aille aux sémi-
« naires. » C'est que mademoiselle Aline, avec rai-
« son, estimait aussi cette dernière œuvre la meilleure de toutes, et on comprend son zèle deux fois
filial pour aider sa mère à servir l'Église.

Déjà madame de Saisseval avait fait monter sa charité, habituée à s'épancher sur les plus petits de ce monde, jusqu'au chef suprême de la famille catholique ; par là elle s'était vraiment acquis une place, à dix-huit siècles d'intervalle parmi ses saintes femmes de l'Évangile, ainsi canonisées par la tradition unanime en sa reconnaissance, qui s'attachèrent et s'unirent à la divine cause de Jésus-Christ avec une inaltérable fidélité, soulagèrent le dénûment de sa vie, et compatirent du moins au délaissement de sa mort.

En ce temps-là, un même coup avait frappé le souverain pontife et dispersé le sacré collége ; Rome était à Fontainebleau. Le nouveau Pierre, dépouillé de sa couronne mais non de sa tiare, avec sa dignité encore rehaussée par le malheur, avait traversé la terre de son exil au milieu de tout un peuple à genoux. La politique le traînait en captivité, mais la religion le portait en triomphe. Ce fut surtout au centre même de cette France persécutrice malgré elle, que par une bien juste compensation, il recueillit les témoignages les plus consolants de sympathie pour ses disgrâces, et les subsides les plus généreux dans sa glorieuse indigence. On dit que le cœur attristé du pontife se réjouit alors sur la France : « Non, se disait-il, la foi n'est pas éteinte où vit encore la charité ; et où il y a encore la vie et la charité, il y a toujours l'espérance du salut. » Madame de Saisseval s'était montrée la plus active quêteuse du denier de saint Pierre : son nom fut béni entre tous les noms par l'auguste vieillard, dont la *bénédiction porte bonheur*.

Une autre nécessité d'un intérêt moins élevé, mais d'un besoin plus pressant peut-être, réclama toute la sollicitude de son inépuisable dévouement. L'avenir de l'Église de France était en péril ; une femme, sans doute suscitée de Dieu, la première, va prendre en sa faible main la grande tâche de la restauration religieuse ; et, grâce à son initiative, qui éveillera partout l'appréhension du danger et l'empressement à saisir la dernière chance de préservation, le sacerdoce, menacé de s'éteindre faute de vocations, sera réparé et renouvelé, et par le sacerdoce le christianisme sera conservé, et par le christianisme seul la France sera sauvée. Oui, on peut le dire, madame de Saisseval a conquis des droits à la reconnaissance de l'Église et de la patrie ; et le clergé, comme le peuple, se ressouviendra de ses titres à la mémoire des cœurs fidèles.

Dans le courant de l'année 1815, un jour, pendant son action de grâces après la communion, madame de Saisseval se prit à méditer une parole de l'Écriture relative au sacerdoce. Tout à coup, son cœur battant alors sous l'impression immédiate du cœur même de Jésus-Christ, elle se sentit blessée au plus intime de son âme de la plaie vive de l'Église. L'État donnait tout à l'éducation profane, rien à l'éducation ecclésiastique ; et les séminaires étant sans ressources, les vocations demeuraient sans espérance. A l'heure même, madame de Saisseval, avec cette charité et cette confiance qui ne calculent d'abord ni les moyens ni les obstacles, mais qui espèrent tout de Dieu en osant tout elles-mêmes, répondit à l'appel de son divin Maître par cet élan du cœur : *Voici la servante du Seigneur ; qu'il soit fait selon votre parole.*

L'œuvre des petits séminaires commença donc dès le mois de juillet 1815, et de la capitale elle se propagea rapidement dans toute la France. Une pareille pensée intéressait tous les cœurs chrétiens et vraiment français. Aussi, madame de Saisseval put-elle assurer bientôt à son entreprise le concours actif des dames du monde capables de la comprendre et dignes de la seconder, et le suffrage protecteur des personnages les plus éminents de l'Église. Je retrouve dans les correspondances de madame de Saisseval un grand nombre de lettres sur ce grand objet, signées des noms les plus vénérés. Monseigneur d'Astros, archevêque de Toulouse, et monseigneur de Bonald, cardinal et archevêque de Lyon, furent successivement les premiers directeurs de l'œuvre ; l'abbé Le Gris-Duval en composa le règlement ; l'archevêque de Paris fut le président naturel des assemblées générales. Le résultat annuel des quêtes, à Paris seulement, dépasse souvent 50,000 fr., et quelquefois monte jusqu'à 80,000 fr.

L'œuvre des petits séminaires s'accrut d'une nouvelle œuvre qui la complétait, le 29 septembre 1820. Je laisse parler mademoiselle de Saisseval, qui en conçut l'idée et nous en expliquera la fin :
« L'œuvre des sujets de province, dite du Cœur
« miséricordieux de Jésus, est instituée pour offrir
« au Seigneur la fleur du plus pur froment prise
« dans toute la France. J'avais la pensée fixe, de-
« puis longtemps, de procurer à l'Église les plus
« excellents sujets ; j'en ai fait part à monseigneur
« d'Astros, qui a daigné faire lui-même une espèce
« de règlement pour cette bonne œuvre. On pre-
« nait ces sujets parmi les enfants qui joignaient
« à la vocation ecclésiastique une grande piété,
« un esprit naturel qui semblerait marqué du
« sceau de Notre-Seigneur, et choisi par lui pour
« son sacerdoce. On désirait les faire élever dans les
« colléges des Jésuites, en ne payant que ce qu'ils
« coûteraient pour leur entretien. Le supérieur de
« cette bonne œuvre est M. l'abbé de Bonald. Il
« nous reste à chercher ces perles si précieuses,
« qui doivent un jour parer l'Eglise de Jésus-
« Christ. » On a trouvé ce qu'on cherchait ; et dans les pièces concernant cette œuvre, tenue secrète pour des raisons de haute convenance qu'il est facile d'apprécier, j'ai reconnu, dans une longue liste des nobles aspirants à la tribu lévitique, plus de

soixante noms illustres dans les annales profanes,
que l'œuvre a inscrits dans les fastes sacrés.

Pour l'œuvre du grand séminaire, nous aimons
à citer encore une fois mademoiselle de Saisseval,
qui est sans contredit le meilleur témoin de sa
mère : « M. Le Gris-Duval nous avait donné la
« commission de nous occuper de l'œuvre du
« grand séminaire, qu'il avait organisée pendant
« les Cent Jours, en 1815. Il s'agissait de trouver
« la somme de 3,000 francs en cinq ans pour
« payer au séminaire l'éducation d'un ecclésiasti-
« que. Près de 60,000 francs ont été trouvés, et
« il a été décidé qu'on verserait pendant cinq ans
« la somme de 12,000 francs pour être appliquée
« à plusieurs au lieu d'un seul. »

Il semble que le testament de cette admirable
jeune fille, tant de fois nommée dans ces pages,
couronnera dignement cette longue série de bonnes
œuvres, car il est lui-même une bonne action. Nous
avons sous les yeux la dernière lettre qu'elle écrivait, sous la date du 8 janvier 1823, à sa mère,
qui ne sut, en la lisant, si elle pouvait s'affliger
ou si elle ne devait pas se réjouir. Ne regrettant
point la vie et ne redoutant point la mort, elle
ne désirait que de continuer à être utile en
commençant à devenir heureuse, que de faire
encore du bien en ce monde alors qu'elle ne se-
rait plus de ce monde. Comme son unique sœur
madame la marquise de Leusse, qui devait lui

survivre si peu de temps, était fort riche et n'avait
point d'enfants, dans ce testament confidentiel
dont sa mère fut la fidèle exécutrice, elle donna
tout ce qu'elle avait, et même plus qu'elle n'avait :
« Je m'aperçois, écrit-elle, après avoir indiqué la
« quotité et la destination de ces legs pieux, que
« j'ai disposé d'un peu plus que je ne possède.
« Veuillez donc bien vendre dans mes effets de
« quoi acquitter ce supplément, ou veuillez m'en
« faire la charité. » Dans cette distribution, elle
faisait la plus large part à l'œuvre chérie des séminaires, toujours la même à la mort comme pendant la vie. Elle achevait sa lettre enfin par ces
paroles toutes d'humilité et de charité, qui expri-
maient son dernier adieu : « Agréez, ma chère
« et bonne mère, les expressions bien vives de ma
« tendresse, de mon respect et de ma reconnais-
« sance sans bornes pour tout le bonheur dont
« vous m'avez fait jouir sur la terre ; pardonnez-
« moi toutes les fautes que j'ai commises envers
« vous ; priez le bon Dieu pour moi, pauvre misé-
« rable, qui me suis rendue si indigne par ma lâ-
« cheté des grâces du Ciel. Chère et tendre mère,
« accordez-moi la grâce de vous occuper toujours,
« comme de vos propres affaires, de l'œuvre des
« séminaires et de celle des ouvrages. Veuillez
« bien offrir mes tendres respects à toutes ces
« dames, et leur dire combien je les supplie de
« continuer leurs soins à nos œuvres communes,

« et combien je compte sur leur zèle, dont elles ont
« donné tant de preuves, et que le bon Dieu a
« béni. » En vérité, madame de Saisseval recevait
la récompense promise à la piété filiale ; pour
avoir été la meilleure des filles, elle fut la plus
heureuse des mères. Le Ciel lui donna des enfants
qui furent sa joie ; il les enleva bientôt pour en
faire d'avance sa couronne,

Enfin, pour conclusion de l'œuvre des séminaires, mentionnons encore un fait, d'une date plus
récente, qui en est comme le dernier complément. Vers l'année 1847, la vénérable fondatrice,
dont la vieillesse n'avait pu fatiguer le zèle, re-
çut un hommage qui fit presque peur à son humilité.

Elle répétait agréablement après, qu'elle venait
d'acquérir la preuve qu'on rougissait à quatre-
vingts ans comme à quinze ans, et que jamais de
sa vie elle n'avait été si déconcertée, Mgr Affre,
archevêque de Paris, venait de former le projet
d'établir dans la maison des Carmes, achetée par
le diocèse, l'œuvre des hautes études, afin de soustraire les jeunes lévites aux dangers des cours pu-
blics. Son premiers soin, avant la mise en œuvre,
fut d'envoyer le digne prêtre auquel il voulait
confier l'entreprise, et qui avait été lui-même, dans
sa jeunesse, élève de l'œuvre du 29 septembre,
pour soumettre en quelque sorte sa pensée à la
haute prudence de madame de Saisseval, et deman-

der à son industrieuse charité les moyens d'exécution. « Dites à Monseigneur, répondit-elle avec
« une modeste assurance, que puisqu'il ne peut
« douter de l'approbation de Dieu pour cette œu-
« vre, qu'il ne s'occupe pas de l'argent : c'est le
« moindre des obstacles, celui qui n'arrête jamais
« quand on est sûr du reste. Quant au moyen à
« prendre, le voici... » Et après avoir indiqué ce
moyen, qui fut employé en effet et qui réussit selon
sa promesse, elle ajouta : « En attendant, veuillez
« dire à Monseigneur que je le prie de me compter
« au nombre de ses premières zélatrices ; » et, en
disant ces mots, madame de Saisseval, qui avait
toujours sous la main de quoi acquitter ce qu'elle
nommait ses dettes, remit au prêtre reconnaissant
les prémices de la souscription désirée.

L'œuvre des hôpitaux, la première dont s'oc-
cupa madame de Saisseval avec sa fille, à leur
retour en France, devait aussi, dans ces derniers
temps, grandir et se développer sous ses auspices.
En 1840, les dames qui étaient à la tête vinrent
lui demander que les assemblées mensuelles se
tinssent dans sa maison : elles y voyaient une ga-
rantie pour le maintien et la durée de l'œuvre.
Madame la marquise de Pastoret, si éminemment
charitable, qui était alors présidente de l'œuvre,
disait, de concert avec madame la comtesse de la
Bouillerie, qu'il fallait venir prendre des leçons de
charité près de madame de Saisseval. En effet,

des essais infructueux jusque-là furent repris avec courage et couronnés de succès. On put successivement établir deux œuvres secondaires, à l'aide de l'acquisition d'une maison voisine de celle que madame de Saisseval avait achetée pour elle-même près des Enfants délaissés. Elle vit alors deux œuvres, qui lui avaient donné de solides consolations et de douces jouissances, réunies sous ses yeux, prospérer sous son patronage, et procurer l'une et l'autre un bien durable par l'unité des vues et des pensées.

L'asile du saint Cœur de Marie fut aussi ouvert aux jeunes convalescentes, auprès de la maison des Enfants délaissés. Les jeunes convalescentes, la plupart venues des provinces à Paris pour trouver une place, à leur sortie de l'hôpital demeuraient exposées aux dangers de l'inexpérience et de la misère. Admises dans l'asile offert à leur vertu aussi fragile encore que leur santé, on les y conserve jusqu'à ce qu'on ait pu les mettre en sûreté dans une famille chrétienne. La moyenne de ces pauvres jeunes filles présentes sous la tutelle de Marie est de quarante ; et dans l'espace de dix années, de 1840 à 1850, quinze cent quatre-vingt six convalescentes, après avoir été délivrées de la maladie, ont été préservées du plus grand des malheurs.

L'ouvroir Saint-Joseph réunit tous les vendredis les dames et les jeunes personnes qui voulaient bien consacrer quelques heures de la matinée au travail

en commnu pour les pauvres. C'était là une in-
génieuse pensée, un sacrifice à la charité frater-
nelle, le jour commémoratif de la charité divine ;
un apprentissage à l'école laborieuse de la sainte
famille de Nazareth ! Des mains délicates, habituées
seulement aux ouvrages de luxe, confectionnent
les habillements pour les malades et les layettes
pour les enfants.

Tandis que madame de Saisseval menait de front
tant d'œuvres diverses à la fois, et Dieu seul a pu
compter les bienfaits de chaque jour que sa main
droite versait à l'insu de sa main gauche ; ni sa sollicitude ni son dévouement ne semblaient diminués
par le partage. Préposée à une multitude d'œuvres
et d'associations pieuses, elle suffisait à tout : une
partie de son temps se passait en correspondances
et en soins de tout genre ; l'autre, en voyages, toujours dans un but de zèle et de charité.

Madame de Saisseval répondant avec fidélité aux
desseins de la Providence, qui avait brisé ses liens
de famille pour laisser la liberté à son dévouement,
se détacha et se dégagea de tout asservissement
à ses jouissances, comme de tout embarras d'affaires : elle eût pu couler une vie douce et honorée
dans ses belles propriétés d'Auvergne, elle aima
mieux ne se réserver qu'un revenu suffisant, assez
pour vivre et pour donner. Elle agit de même à
la mort de la marquise de Leusse, qui la faisait entrer en possession d'une terre charmante plus rap-

prochée de Paris : elle ne voulut posséder, ce semble, la terre des Linières et celle de Montalin que le temps nécessaire pour y faire du bien, et y procurer la gloire de Dieu et le salut des âmes. Dans la première, une mission donnée à ses frais renouvela la foi et la piété, et le changement produit alors se soutient encore aujourd'hui ; elle y a fondé depuis des sœurs d'école, et a fait la même fondation à Montalin. Elle se réserva seulement une petite maison à Mantes, où elle allait quelquefois respirer. C'est là que le Ciel va bientôt lui faire trouver ce qu'elle venait y chercher : la petite maison de Mantes sera le lieu de son repos.

C'est en 1846 que la santé de madame de Saisseval, intacte après tant de malheurs et de fatigues, et florissante encore dans la vieillesse, essuya une atteinte qui fut le prélude de la décadence. Une grave maladie porta le premier coup : au mois de septembre de cette année, elle était allée en Auvergne passer quelques jours auprès de madame de Lastic, sa nièce, dont elle chérissait les fils comme ses enfants : elle y fut prise d'une maladie très-grave. Cette santé jusque-là si forte ne fit plus que décliner : sous l'ébranlement causé par une si rude secousse, commença alors pour madame de Saisseval la maladie sans remède de la vieillesse.

Les années suivantes se passèrent péniblement, tantôt à travailler encore, tantôt à souffrir, jusqu'en 1849 ; lorsque, vers l'automne de cette année, l'espoir de se réunir encore une fois à une famille chérie la décida à se rendre à Montalin, ou madame de Lastic, sa nièce, devait se trouver. La saison était déjà très-mauvaise ; madame de Saisseval, toujours courageuse, souffrait à peine qu'on lui fît du feu dans l'appartement qu'elle occupait, et, toujours pleine de zèle, elle bravait chaque jour des chemins affreux pour aller à la messe en patache. Un accident, dont on n'a jamais mesuré l'étendue, lui arriva dans une de ses courses matinales ; il amena de vives souffrances, un très-grand changement ; et ce ne fut pas sans inquiétude qu'on la ramena à Paris, où elle fut retenue dans son lit ou dans sa chambre pendant plus de deux mois.

Ainsi commença l'année 1850 ; ses forces étaient affaiblies, mais son cœur toujours aussi vif pour l'œuvre des enfants délaissés. Dans le carême qui précéda sa mort de si près, elle écrivait encore de sa main au prêtre chargé du sermon annuel en faveur de l'œuvre à Saint-Thomas d'Aquin ; un extrait de cette lettre rendra mieux que nos paroles quelle était encore, à quatre-vingt-cinq ans, la grâce de son esprit, égale à la bonté de son cœur : « Je « viens vous intéresser au sort des cent orphelines « de mère qui, depuis quarante-sept ans, ont été « élevées successivement, et pourvues d'un état qui « leur assure un avenir pour le reste de leurs jours. « La confiance en la Providence est le seul fonds « que madame de Carcado nous ait laissé ; et de-

« puis quarante-sept ans, sans industrie comme
« sans ressources, c'est par cette même confiance
« que la divine Providence a toujours suffi aux be-
« soins de ces pauvres enfants si délaissés.

« En me faisant donner le conseil de ne pas
« aller vous entendre lorsque vous plaiderez la
« cause de ces chers enfants, vous m'imposez le
« plus pénible de tous les sacrifices, car la ten-
« dresse maternelle ne calculant point le nombre
« des années, j'avais probablement oublié mes
« quatre-vingt-cinq ans : c'est la première fois,
« depuis le commencement de cette œuvre, que
« je resterai inactive lorsqu'il s'agit de la ques-
« tion si grave d'où dépend l'existence de mes
« pauvres enfants de cœur et d'adoption. Puisse
« la pénible attente où me laissera mon inactivité
« ajouter quelque chose à la générosité des cœurs
« que vous aurez touchés en leur faveur ! »

Cette lettre fut bientôt suivie d'une autre : « Je
« n'ai pas d'expression pour vous marquer ma
« reconnaissance. Le chiffre de la quête est de
« 8,200 francs ; nous en sommes dans le bonheur !
« C'est toujours par vous que nous viennent toutes
« les bonnes fortunes : elles ne pourront jamais
« égaler ma reconnaissance et celle de toutes les
« mères adoptives des enfants délaissés. »

Madame de Saisseval partit pour Mantes le 17
mars 1850, tout heureuse du succès de la quête.
Dans le court trajet du chemin de fer à sa mai-

son, elle éprouva un étouffement subit qui se dissipa presque aussitôt, mais pour revenir : c'était le symptôme de sa maladie prochaine.

Dans la nuit du 19 au 20 mars, madame de Saisseval fut réveillée par une nouvelle et plus inquiétante suffocation; il fallut la transporter en plein air, et, malgré le froid, la tenir presque toute la nuit sur un des bancs du jardin : on ne put la remettre dans son lit que vers cinq heures du matin. Trois semaines durant, les crises les plus douloureuses se succédèrent.

La maladie croissait, mais la vivacité de la foi augmentait avec elle. Tout à coup, et pendant la nuit, madame de Saisseval demande avec instance à recevoir les derniers sacrements. Elle charge sa fidèle compagne de transmettre à ses pieuses amies l'expression de ses dévoués sentiments, et n'oublie personne dans ce moment suprême.

Elle fait approcher aussi ses domestiques, et leur exprime successivement son regret d'avoir pu les contrister depuis qu'ils étaient attachés à sa personne.

Cependant elle saisit un instant où sa compagne s'absente, et, rassemblant toutes ses forces, elle demande son écritoire, et écrit à la hâte à madame la duchesse de Montmorency, pour lui recommander ses chers enfants délaissés. En remettant cette lettre le surlendemain à la personne qu'elle en faisait dépositaire, elle lui dit avec le

plus grand calme qu'elle devait être remise après
son décès, et que ce souvenir pour ses enfants
pourrait toucher à la première assemblée, et tenir
lieu de sa présence. Le sacrement des malades,
par sa vertu et suivant son effet ordinaire, avait
été salutaire au corps et à l'âme. Madame de Saisseval se trouva presque aussitôt fortifiée deux fois
par un redoublement de grâce et un renouvelle-
ment de vie ; peu à peu elle en vint jusqu'à se lever, et, Dieu exauçant son désir, elle put monter
chaque jour à sa petite chapelle et se promener dans
son jardin : elle reprit ses habitudes, son règlement, et jusqu'à son travail.

Tout allait de mieux en mieux jusqu'au diman-
che 12 mai. La visite d'honorables amis, la dévotion du mois de Marie, furent les derniers charmes
de cette vie, qui semblait renaître pour s'éteindre
sans retour.

Le 12 mai, à l'heure ordinaire de trois heures
après-midi, madame de Saisseval monte encore à
sa chapelle pour suivre le chemin de la croix ; elle
fait encore le soir l'exercice du mois de Marie.

On se sépare à neuf heures, après avoir fait en
commun la prière du soir ; elle s'endort paisible-
ment. Vers le milieu de la nuit, on entend quelques
mots entrecoupés : « J'étouffe ! je me meurs ! » On
s'empresse ; il est trop tard ! on arrive pour recevoir son dernier soupir, tandis qu'à la même heure
Dieu recevait son âme.

. Le surlendemain, on vit dans les rues de Mantes un convoi funèbre, suivi de la famille éplorée des orphelines de mère. Les enfants délaissés étaient venus de Paris pour former un digne cortége à leur fondatrice.

Le corps fut déposé dans un caveau où reposaient déjà madame la comtesse de Lastic et mademoiselle Aline de Saisseval, la tombe qui rassemble aujourd'hui ces dépouilles, prédestinées à se réunir demain dans le séjour des âmes glorieuses, est protégée par l'image de Marie.

NOTA : Les dames de l'œuvre des Enfants délaissés désirant posséder à Paris les restes vénérés de la fondatrice, sollicitèrent de la famille de madame de Saisseval l'autorisation de les transporter au cimetière (dit Montparnasse). La cérémonie de l'inhumation a eu lieu le 24 janvier 1865. On a convoqué dans la chapelle de l'établissement les anciennes orphelines ; et chaque année, à l'anniversaire de la mort de leur bienfaitrice, elles se réunissent de nouveau pour prier sur sa tombe en témoignage de leur profonde reconnaissance.

PARIS. — IMP. VICTOR GOUPY, RUE GARANCIÈRE 5.

9 782014 072549